AccentoAcuto

De Blasi e Moscara

Loredana Longo

Andrea Malizia

Daniele Pario Perra

Simone Racheli

Carlo Schiuma

Carlo Michele Schirinzi

Marta Valenti

A c c e n t o A c u t o

Giovane arte italiana tra le righe e sopra le righe

Young Italian Art Between Subtlety and Emphasis

CHARTA

Progetto grafico / Design
Gabriele Nason
con / with Daniela Meda

Coordinamento redazionale / Editorial Coordination
Emanuela Belloni

Redazione / Editing
Elena Carotti
Charles Gute

Traduzioni / Translations
Judith Mundell

Ufficio stampa / Press Office
Silvia Palombi Arte&Mostre, Milano

Crediti fotografici / Photo Credits
M. Parodi, p. 22
M. Scopelliti, p. 37

Ci scusiamo se per cause indipendenti dalla nostra volontà
abbiamo omesso alcune referenze fotografiche

We apologize if, due to reasons wholly beyond our control,
some of the photo sources have not been listed

Edizioni Charta
via della Moscova, 27
20121 Milano
Tel. +39-026598098/026598200
Fax +39-026598577
e-mail: edcharta@tin.it
www.chartaartbooks.it

Printed in Italy

AccentoAcuto
Giovane arte italiana tra le righe e sopra le righe

Pesaro, Centro per le Arti Visive Pescheria
20 aprile – 19 maggio 2002
April 20 – May 19, 2002

Mostra a cura di / Curator
Augusto Pieroni

Coordinamento organizzativo / Organization Coordinators
Alberto Barbadoro
Thomas Mattiucci

Allestimento luci / Lighting
Domenicucci Broadcasting, Pesaro

Catalogo a cura di / Catalogue edited by
Augusto Pieroni

Comune di Pesaro

Sindaco / Mayor
Oriano Giovanelli

Centro per le Arti Visive Pescheria
Istituzione Comunale

Consiglio d'amministrazione / Board of Directors

Presidente / President
Andrea Ugolini

Consiglieri / Board Members
Mariadele Conti
Antonio Delle Rose
Roberto Licini
Stefano Mariani

Direttore artistico / Artistic Director
Ludovico Pratesi

Direttore amministrativo / Administration Manager
Gaetano Vergari

Con il contributo di / With the support of

febal

industriepica

scm e group

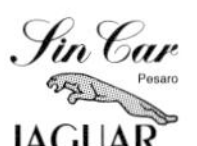

Con la collaborazione di / With the collaboration of

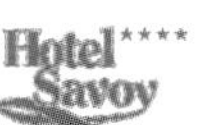

Panorama Italiano. IV
Ludovico Pratesi

Panorama italiano è il ciclo di mostre curato da giovani critici
d'arte che propongono, al Centro per le Arti Visive Pescheria,
una lettura personale della scena artistica italiana delle ultime
generazioni.
Il ciclo, cominciato nella primavera del 2001 con *Soglie*,
proposta da Alessandro Pitrè, seguita da *Il senso e la misura*,
curata da Roberta Ridolfi e da *House* di Antonella Micaletti, è
arrivato al quarto appuntamento: la mostra *AccentoAcuto* curata
da Augusto Pieroni, che propone le opere di otto giovani artisti
provenienti da diverse regioni e legati tra loro dalla necessità di
sottolineare il valore delle proprie ricerche, attraverso l'enfasi,
l'ironia e l'iperbole.
"Ognuno a suo modo – sottolinea il critico romano – i diversi
autori propongono un inesorabile intreccio fra sottigliezza ed
estroversione, dissimulando l'intelligenza di sé e del proprio
rapporto col mondo, tra le righe di lavori spesso sovraccarichi o
sopra le righe".
Un panorama di ricerche che costruiscono una geografia del
paradosso, di cui Pieroni identifica i precursori nelle personalità di
Dario Fo e Piero Manzoni, Roberto Benigni e Luigi Ontani, Ciprì e
Maresco e Pino Pascali. E anche più indietro, fino a rintracciarne le
matrici negli eccessi manieristi e barocchi dell'arte europea tra
cinquecento e seicento. Un itinerario fantastico e surreale che
unisce le immagini fotografiche di matrice antropologica dei
giovani pugliesi De Blasi e Moscara all'agrodolce installazione
della siciliana Loredana Longo, le fotografie di oggetti comuni del
romano Andrea Malizia con le ludiche installazioni del bolognese
Daniele Pario Perra, le sculture iperrealistiche del fiorentino
Simone Racheli con i goffi personaggi del leccese Carlo Michele
Schirinzi, gli autoritratti grotteschi di Carlo Schiuma e le
performance esistenziali della romana Marta Valenti. Una
selezione accurata e originale, che propone una visione personale
dell'arte italiana emergente per identificarne uno dei lati meno
ovvi e più intriganti, per continuare l'esplorazione delle tendenze
più attuali dell'arte giovane, in perfetto accordo con il programma
espositivo della Pescheria.

"Panorama Italiano". IV
Ludovico Pratesi

"Panorama Italiano" is a cycle of exhibitions at Centro Arti
Visive Pescheria, curated by young art critics who propose a
personal reading of the Italian art scene of recent generations.
The cycle, begun in the spring of 2001 with "Soglie," a proposal
by Alessandro Pitrè, then followed by "Il senso e la misura,"
curated by Roberto Ridolfi and "House" by Antonella Micaletti,
is now in its fourth edition: "AccentoAcuto," curated by Augusto
Pieroni, presents the works of eight young artists from different
regions, all linked to each other by a need to highlight their
works through emphasis, irony and hyperbole.
"Each artist in his own way," notes Roman critic Pieroni,
"proposes an inextricable interlacing of subtlety and
extroversion, masking their self-awareness and their
relationship with the world between the lines, in works that are
often overloaded, or *over the top*."
A panorama of works make up a topography of paradox, whose
forerunners Pieroni identifies in the personalities of Dario Fo,
Piero Manzoni, Roberto Benigni, Luigi Ontani, Ciprì and
Maresco and Pino Pascali. And further back, tracing its roots to
the mannerist and baroque excesses of European art between
the 16th and 17th century. A fantastic and surreal itinerary links
the works in the exhibition: photographic images of an
anthropological nature by young photographers De Blasi and
Moscara from Puglia, with a sour-sweet installation by Sicilian
artist Loredana Longo; photographs of ordinary objects by
Andrea Malizia from Rome, with the playful installations of
Daniele Pario Perra from Bologna; the hyper-realistic sculptures
of Florentine artist Simone Racheli with the ungainly figures of
Carlo Michele Schirinzi from Lecce; the grotesque self-portraits
of Carlo Schiuma, born in Luxemburg in 1965, and the
existential performances of Marta Valenti from Rome. This
painstaking and original selection proposes a personal vision of
emerging Italian art in order to identify one of its less obvious
and more intriguing sides, and continues the exploration of the
most topical art trends of the rising generation, in perfect
harmony with the Pescheria exhibition program.

Sommario / Contents

Tra le righe e sopra le righe

Augusto Pieroni

Falsa chiamo ogni verità che non fu espressa con una risata.

F. Nietzsche, *Così parlò Zarathustra*, 1883-1885

Accento sta per l'enfasi, l'espressivo, l'ironico, il grottesco. Acuto sta per l'acume, l'autocoscienza, la sottigliezza, l'allusione – più o meno colta.

Ecco le somiglianze di famiglia degli otto artisti, presentati dai quattro angoli del nostro paese. Otto diverse ricerche giovani, ma già mature, che declinano quelli che sono forse i nostri caratteri più riconoscibili sul panorama internazionale (cito volentieri Maurizio Cattelan, ma non vorrei si dimenticasse Marco Boggio-Sella).

Ognuno a suo modo, i diversi autori propongono un inesorabile intreccio, fra sottigliezza ed estroversione, dissimulando l'intelligenza di sé e del proprio rapporto col mondo, tra le righe di lavori spesso sovraccarichi o *sopra le righe*. Che l'ironia e l'allusione siano nei nostri cromosomi culturali è chiaro a tutti: la commedia dell'arte italiana fissava i propri caratteri già nelle incisioni di Jacques Callot, e del sarcasmo illuminista restano imbevute le opere di Alessandro Magnasco e di Giandomenico Tiepolo.

Questa nostra radice grottesca ha valicato due guerre sulle spalle dei grandi comici d'avanspettacolo, trovando nuova vita nel secondo dopoguerra. Si pensi a un certo cinema d'amara commedia sociale, che da Vittorio De Sica arriverà a Ettore Scola, ma anche a un'altra declinazione del nostro realismo endemico: quella pasoliniana, più letteraria e "fiamminga" negli spiccati simbolismi che innervano le inflessioni capitoline, fra suggestioni popolaresche e criminali. A fianco di queste si affermava l'immaginario felliniano: ampio, autoriale, induplicabile.

De Blasi e Moscara
Senza titolo, 2001
Stampa lambda su alluminio/Lambda print on aluminum
120x148 cm

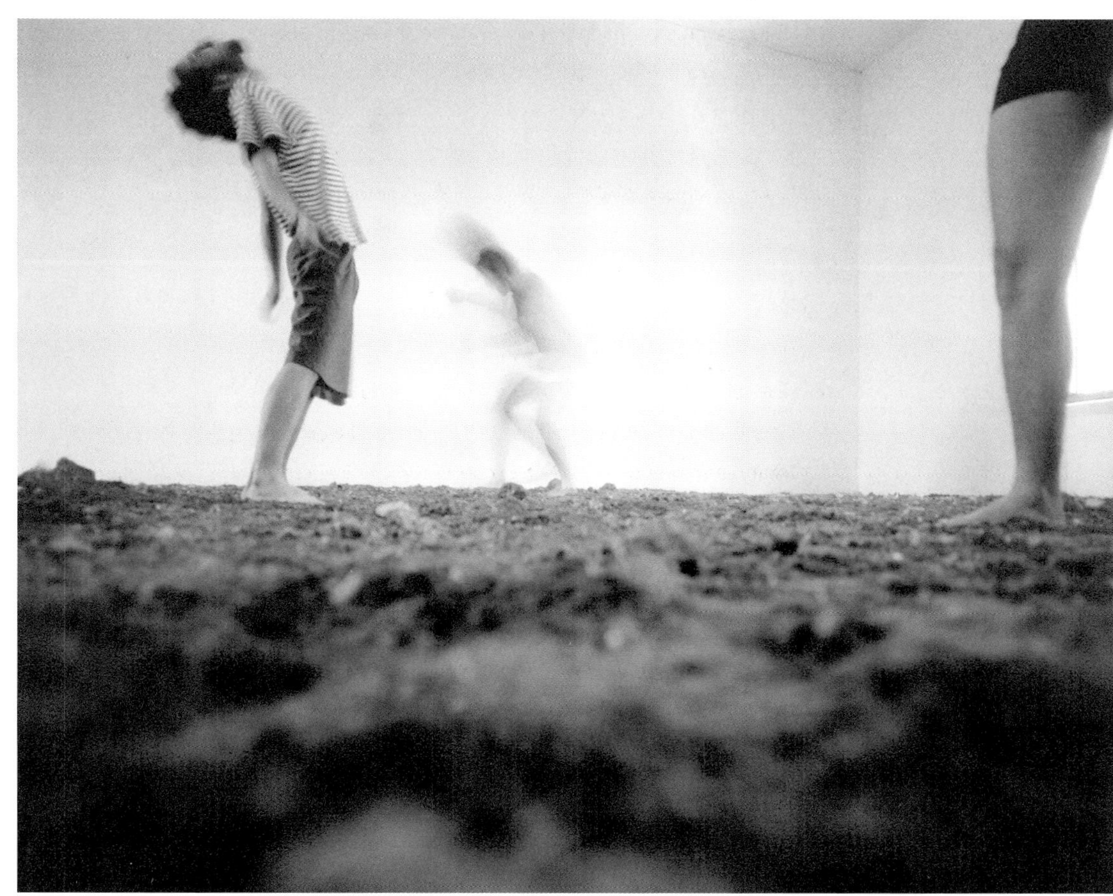

Sul fertile zavattinismo padano pianterà invece salde fondamenta una nuova frontiera del grottesco colto italiano: nelle ricerche di Dario Fo si scorge infatti un po' di quell'ironia, crudele per eccesso di intelligenza, che anima anche il fulminante lavoro di Piero Manzoni, pur non incastrandosi il virtuosistico e politico medievalismo del primo con l'ironico riduzionismo concettuale del secondo.

Intanto, sotto la linea del Po, apparentemente spavaldeggiavano giovani ricerche per le quali "colto" è parente di "denso" e non di "dottorale". Ambiguamente, triviali – e tuttavia sempre con gli occhi fissi alle stelle – sono i lavori di Luigi Ontani, non meno che di Roberto Benigni. I loro intrecci di rimandi alle culture antiche e matricali non dimenticano quanto queste fossero coscienti della natura corporale dell'essere e del sapere.

Il centro-sud è, poi, un territorio nel quale è fin troppo facile articolare l'equivalenza fra espressivo e sacro, fra effusivo e coltivato. Per un sovrapporsi delle matrici greco-romane e federiciane, per una connivenza endemica fra barocco e classicismo, per le saccature pagane che rianimano le speciosità cattolico-romane.

Ma se una linea rossa va comunque tirata, per imperfetta che sia, allora vorrei che questa unisse le arti visive alle pratiche sociali più oblique, come la pubblicità e la comunicazione d'impresa, interconnettendo – che so – Pino Pascali a Ciprì e Maresco: nel nome della Rai e della Magna Grecia, di Carosello e dei tarantolati, del gestaccio apotropaico e della *technè* sopraffina, di Roma e del Mar Jonio. E così sia.

Mi piace però anche pensare alle ricerche degli artisti proposti in *AccentoAcuto* come a eredi in linea indiretta di una più ampia radice europea, che ricollega la mitteleuropa rea-

Loredana Longo
Penelope 2000-2050, 2000
Fotogramma da video/Video still

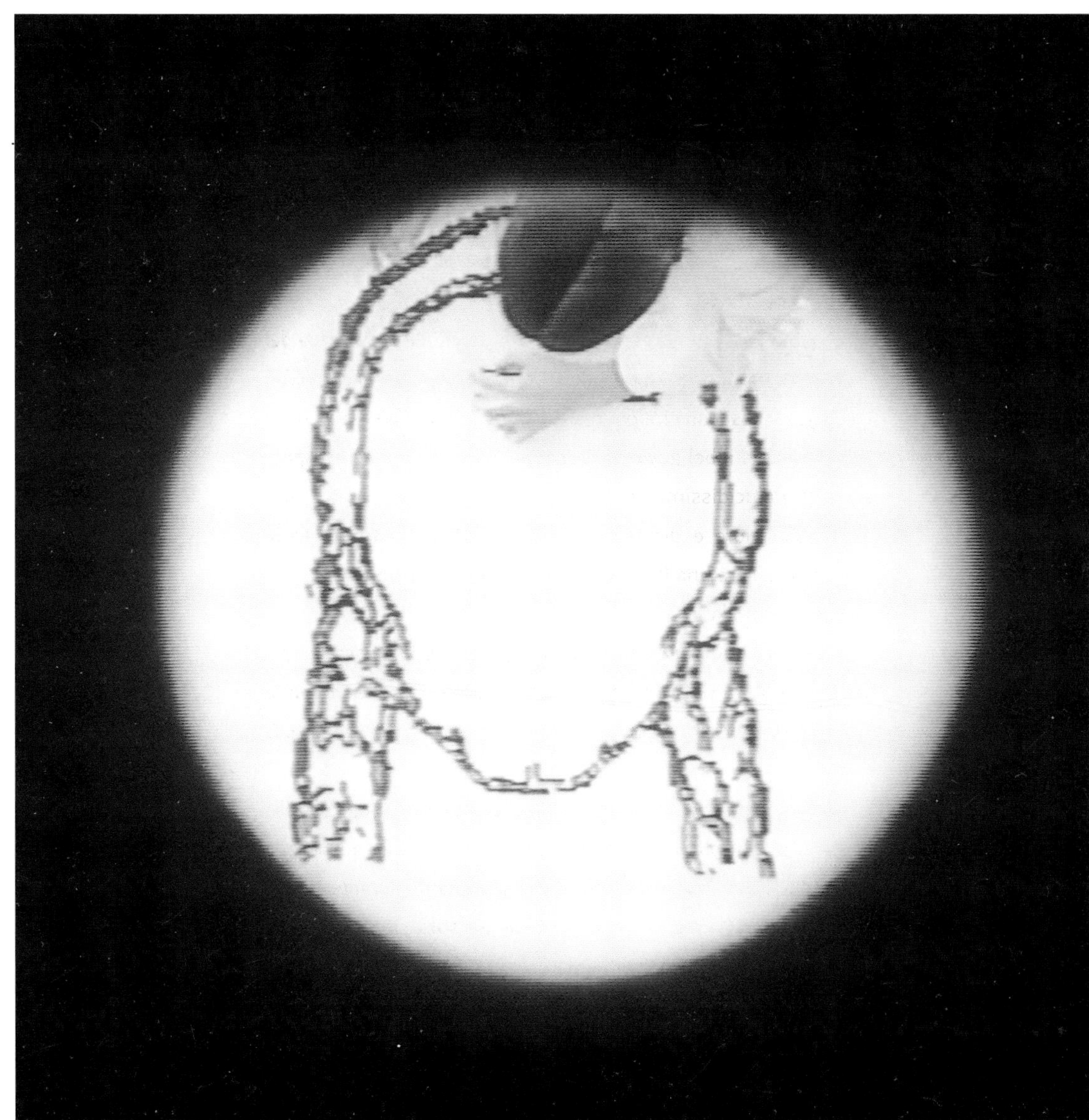

lista fino alla caricatura espressionista, ai fasti e all'*horror vacui* tipici del Barocco. Tuttavia, attenzione: nell'ottenere questa temperatura, questa apparente effusione, tutti gli artisti coinvolti usano mezzi freddi o tecniche oggettuali, come in una specie di *Neue Sachlichkeit* tardo-pop, dove il collage sia massmediale e l'ego si trovi splittato fra i due canali della "stereorealtà" di cui parla l'architetto e massmediologo francese Paul Virilio.

La pittura è quindi assente, proprio perché feudo storico del magico grottesco (il pensiero va da Scipione a Cucchi). Qui, invece, la sensualità del materiale ghiaccia in un teatro della crudeltà e il bel gesto virtuosostico si tramuta nella sceneggiatura lucidissima di un evento composto. Azione e immobilità, calore e distacco: il concetto base di *AccentoAcuto* vuole essere una luminosa e fertile contraddizione.

Esploriamola.

Con foto di interazioni ritualizzate, De Blasi e Moscara creano un raccordo nuovo fra territorio, ruolo sociale e memoria di gruppo. In interni o in esterni, buona parte delle loro immagini sono occupate dalla terra, in cui affondano le radici dell'identità collettiva. Il sottotesto antropologico delle loro affilatissime stampe lambda mostra le dinamiche e le energie, fisiche e mentali che si scatenano durante giochi ben conosciuti e azioni arcane, di cui solo si può dire che sono intensamente partecipate.

L'energia e l'ironia di Loredana Longo si appuntano sui luoghi comuni dell'identità femminile, sabotando i cliché essenziali dell'essere donna-in-cultura. Un personaggio confezionato: "Loredana L." dissemina nel tessuto sociale i propri complessi bricolage – ricami e performance – nonché la propria immagine tutta trecce. *Single* è un pasto conviviale che

Andrea Malizia
Spalla, 2002
C-print su alluminio/C-print on aluminum
100x150 cm

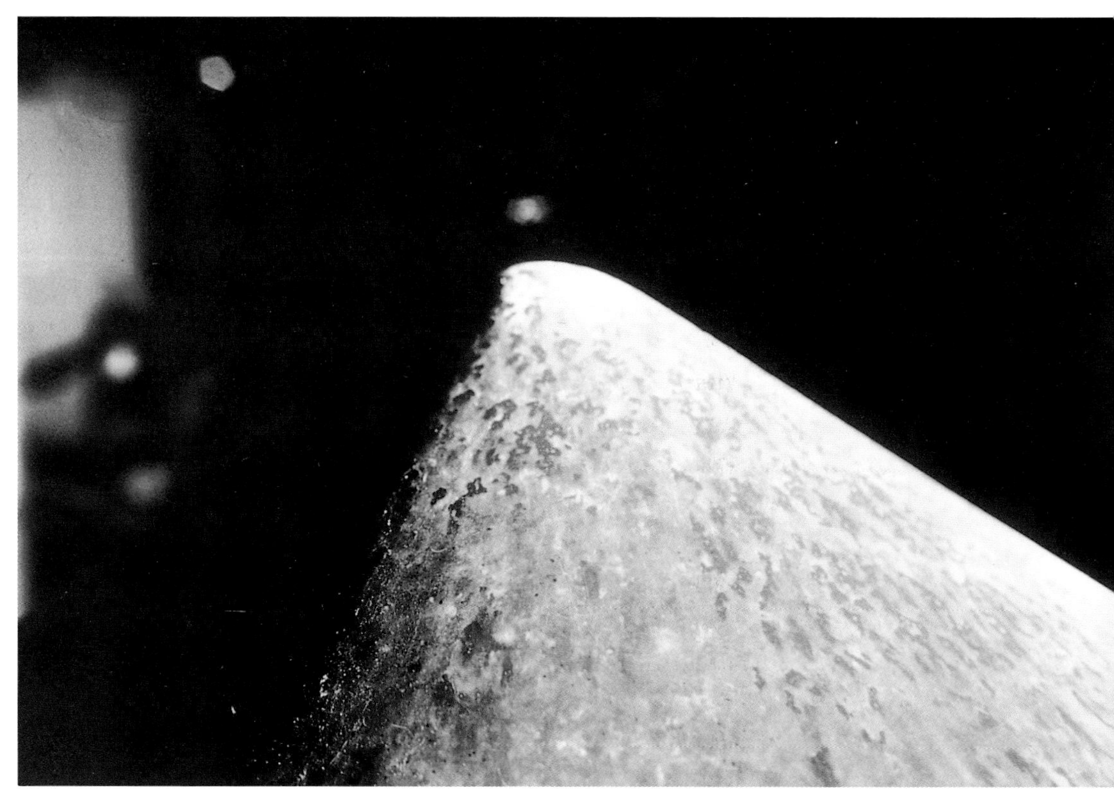

propone una specie di sacra conversazione tra dodici assenze e l'artista presente, a sua volta, solamente come immagine video, alle prese con un menu da giardino dell'Eden.

Andrea Malizia sfrutta la capacità dei media "freddi" di fare riapparire il mondo come nuovo e sconcertante, quando è osservato da nuovi punti di vista mentali. La rimessa a fuoco coinvolge oggetti banali che sfuggono ai loro usi e immagini stereotipati per diventare oggetti proiettivi. Alla base delle sue magnetiche composizioni sono cassonetti, anelli di fumo ed effetti elettrostatici, che incorporano una vertiginosa capacità di evocare visioni più alte e prestigiose. Fotografia e video con proprietà filosofali.

I dispositivi elaborati da Daniele Pario Perra forzano e ibridano i significati socialmente costruiti di ciò che è visto e vissuto, enfatizzando l'ambiguità dei rapporti interpersonali. Di recente i suoi interventi tendono a porre sotto nuova luce temi sensibili, come infanzia e disabilità. Se *Tabù* feticizza il tradizionale gioco della "campana" fino a musealizzarlo a massello, i video e le foto della *Children series* estrapolano brani ambigui di vita, con un falso voyeurismo che non denuncia, in quanto arte, alcun fine speciale e morboso.

Simone Racheli pratica un'ipersimulazione della realtà, riassemblando immagini e situazioni e sviluppando un'ironica narrazione paradossale. Nella sua scultura la mimesi reciproca fra arte e vita, anziché acquietarsi, acquista velocità e complessità sorprendenti. Se le tubature di *Infortunio tenue* emettono fisiologicamente i brandelli d'un operaio, argomentando sulla priorità del sistema e sulla subalternità dell'individuo, *Transdomestico* lavora sull'assenza e sull'ambiguità del negativo antropomorfizzato di un orinatoio alla turca.

Daniele Pario Perra
Children Series #11, 2000
C-print su forex/C-print on forex
30x45 cm

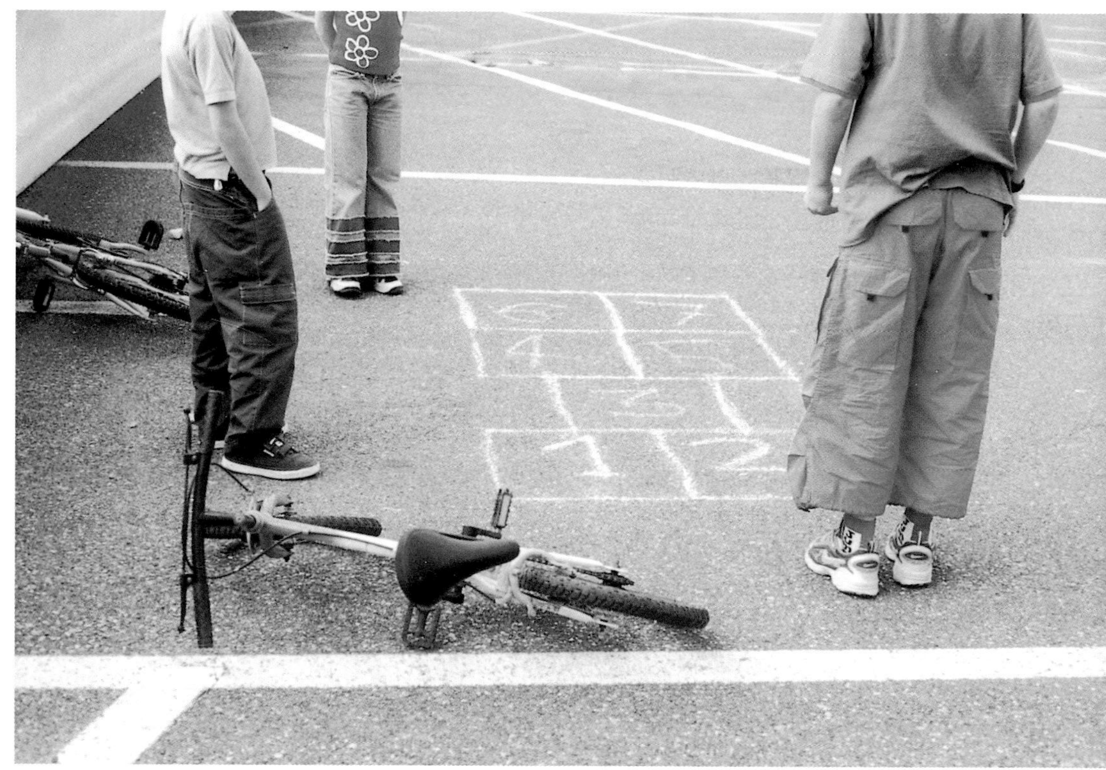

L'immaginario familiare è reimpostato da Carlo Michele Schirinzi fra *trash* e simbolico, recuperando linguaggi sia antichi sia subculturali. I suoi personaggi goffi e ironici, infatti, più perdono verosimiglianza più guadagnano in spessore filosofico e poetico. Composizioni elegantemente imbarazzanti, le sue "iconoclastie" su negativo ciba rivivono e profanano il sacro, nella chiave di una statica ieratica e triviale, mentre nei cortometraggi questo dispositivo è giocato sull'asse-tempo, e rinforzato dalla colonna sonora.

Nei meccanismi, apparentemente ludici o stereotipati di Carlo Schiuma si gioca la decisiva partita dell'identità e dell'appartenenza sociale dell'individuo. I nostri processi intercomuni di convalida si mostrano nelle loro diverse dimensioni: urbana, pratico-operativa, verbale. L'autoritratto come gioco di parole de *Gli ottimisti vivono più a lungo* non è un fotomontaggio e, paradossale quanto reale, crea un essere duale (un *grillo* di Jeronimus Bosch), come nei *Sedili sospesi*, dove il pubblico si pone a contatto reciproco mediante le piante dei piedi.

Nell'autoriflessione tipica del mezzo fotografico, Marta Valenti si ricrea come personaggio rituale, alle prese con azioni catartiche. Le sue sequenze sfruttano il fattore tempo per rivelare un'autenticità tutta corporea: un'identità originaria di forma, azione, pensiero e sentimento. La *Danza rossa* amministra e ripropone, nelle sue ventiquattro stazioni, una performance fondata sulla poetica di luce, colore e luoghi dell'esistere; un lavoro basato su sensibilizzazione e attesa, sovraccarico emozionale e distensione narrativa.

Between the Lines and Over the Top

Augusto Pieroni

And we should call every truth false which was not
accompanied by at least one laugh.

F. Nietzsche, *Thus Spoke Zarathustra*, 1883-1885

Accent is for emphasis, expressiveness, irony, and the
grotesque. Acute is for acumen, self-consciousness, subtlety,
and allusion — that is, more or less cultivated.

Such is the family likeness of these eight artists, drawn from
the four corners of our country. Eight fresh insights, already
mature, who reflect a spectrum of our best known characters
on the international scene (I happily think of Maurizio
Cattelan, without forgetting Marco Boggio Sella).

These artists, each in their own way, propose an inextricable
interlacing of subtlety and extroversion, masking their self-
awareness and concealing their relationship with the world
between the lines, in works that are often overloaded, or *over
the top*. That irony and allusion are in our cultural chromo-
somes is apparent: the characteristics of the Italian *commedia dell'arte* was captured in the engravings of Jacques Callot,
and the sarcasm of the enlightenment imbued the works of
Alessandro Magnasco and Giandomenico Tiepolo.

The great comics have preserved our grotesque roots
through two wars, finding new life in the years after World
War Two. One thinks back on the cinema of bitter social
comedy, from Vittorio De Sica through Ettore Scola, but also
of another spectrum of Italy's endemic realism: that of
Pasolini, the literary and "Flemish," that unmistakable sym-
bolism that innervates Capitoline inflections, somewhere
between the popular and the criminal. Meanwhile Fellinism
asserted itself: vast, authorial, and inimitable. In the fertile
Zavattinism of the Po, a new frontier for the Italian grotesque

Simone Racheli
Transdomestico, 2000
Vetroresina, smalti/Fiberglass, enamel
30x80x110 cm
Courtesy Galleria Astuni, Fano

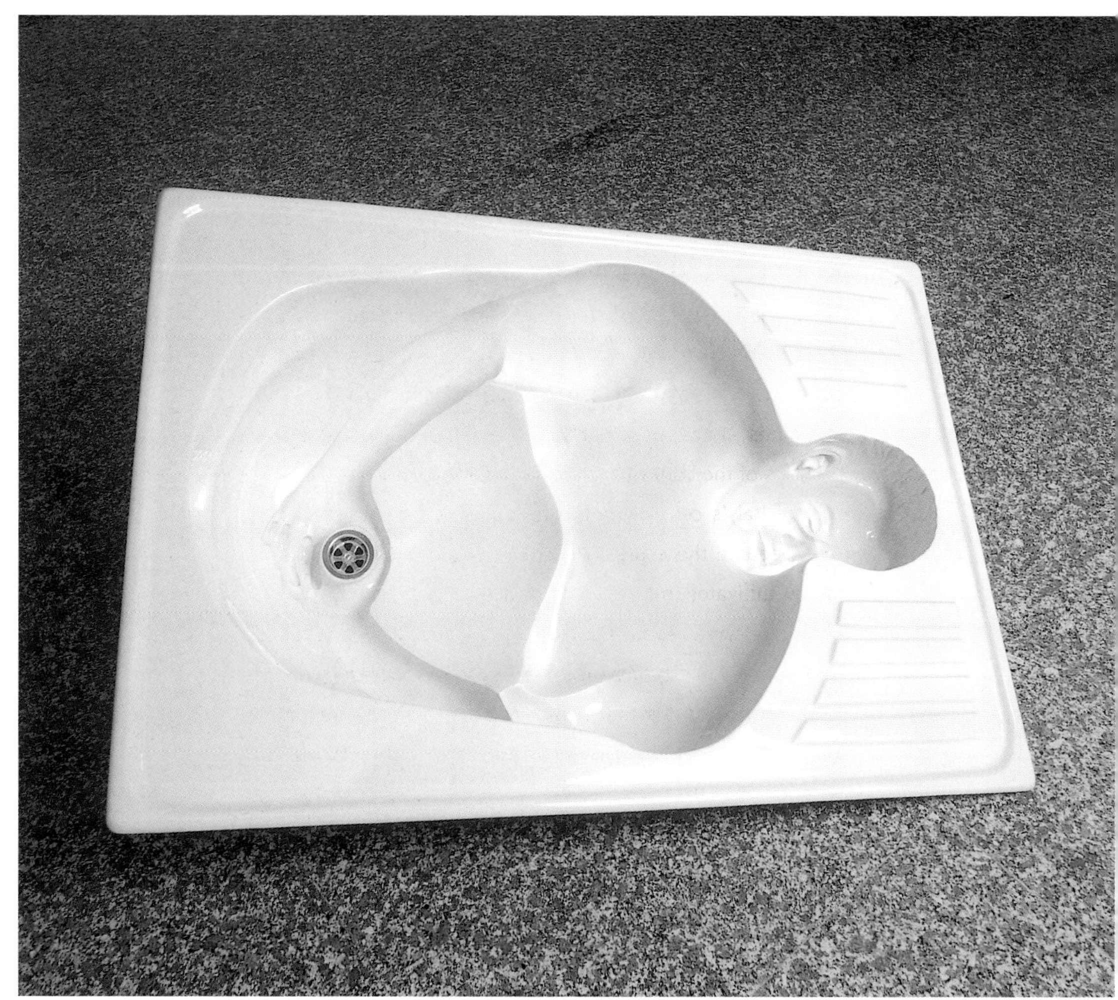

would be solidly planted. In Dario Fo's research, in fact, a little bit of that irony distinguishes itself, cruel in its excess of intelligence, as it does in the striking work of Piero Manzoni — not to confuse the virtuosic and political medievalism of the former with the ironic, conceptual reductionism of the latter.

Meanwhile, south of the Po, young people performed bold experiments showing that "cultivation" and "education" were not synonymous: ambiguous, trivial — but nevertheless starry-eyed — such is the work of Luigi Ontani, not to mention Roberto Benigni. While cross-referencing antique and ancestral cultures, they kept in mind how much these cultures are conscious of the bodily nature of being and knowing.

South of Italy's center is a territory in which it is often too easy to equate the expressive with the sacred, the effusive with the cultivated, through a juxtaposition of the matrices of the Greco-Roman and Frederick the Great, through an endemic complicity between baroque and classicism, through pagan rituals that revive Roman-Catholic superstition; there is, however, a need to draw satisfactory though imperfect lines between the visual arts and more oblique social practices such as advertising and communications, as when such a line connects Pino Pascali to Ciprì and Maresco: in the name of Rai and Magna Graecia, of Carosello and the *tarantolati*, of apotropaic gestures and masterly *technè*, of Rome and the Ionian Sea. So be it.

I would like to think, however, of these experiments as a line of inheritance stemming from a single, yet vast, European root that spans from the realist *Mitteleuropa* to expressionistic caricature, to the pomp and the *horror vacui* typical of the Baroque. Nevertheless, listen: to obtain this temperature, this apparent effusion, all of the involved artists use cold

Carlo Schiuma

Hängesitze (Sedili sospesi), 2000
Tessuto, tubi in alluminio, ganci, molle d'acciaio, nastri, corde/Fabric, aluminum
tubes, hooks, steel springs, bands, ropes
Dimensioni variabili/Variable dimensions

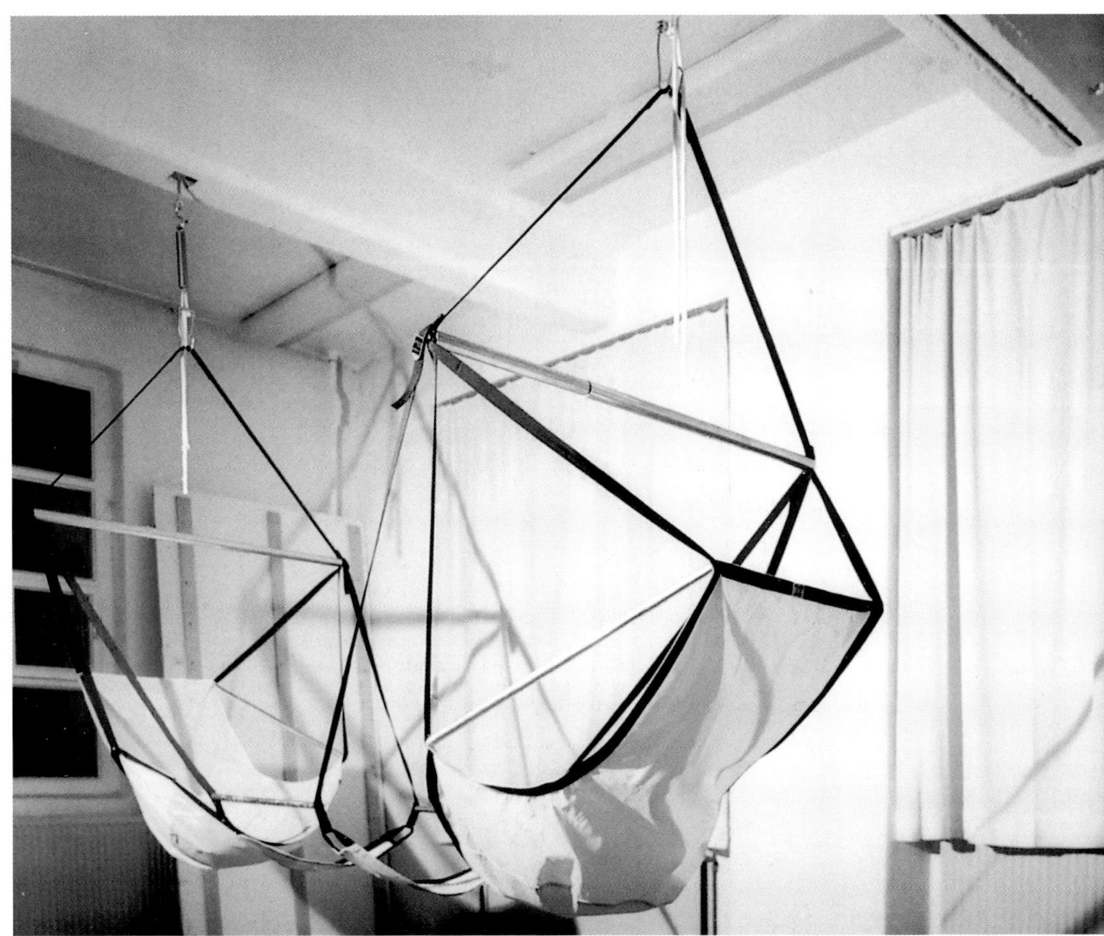

means and objective techniques, like a species of *Neue Sachlichkeit* late-pop, a collage of mass-media where the ego splits between two channels of the "stereo-reality" of which Paul Virilio, the French architect and expert in mass media, speaks.

The painting is therefore absent, a historical fiefdom of the magical and grotesque (the thought moves from Scipione through Cucchi). Here, instead, the sensuality of materials chills into a theater of cruelty and beautifully virtuosic gestures transmute themselves into a lucidly contrived scenario. Action and immobility, passion and indifference: the conceptual basis of "AcuteAccent" wants to be a bright and fertile contradiction.

Let's explore it.

With photos of ritualized interactions, De Blasi and Moscara create a new link between territory, social roles and group memory. Indoors or out, a good part of their imagery is occupied by the earth, in which they plant the roots of collective identity. The anthropological subtext of their sharpest lambda prints expose the dynamics and energy released physically and mentally during those well-known games and arcane practices that require intense participation.

The energy and irony of Loredana Longo are directed at common areas within the female identity, undermining the essential cliché of the "woman of culture." A fictitious entity: "Loredana L." scatters her subtle handiwork — as much embroidery and performance as pigtails — throughout the fabric of society. *Single* is a convivial meal that proposes a kind of sacred conversation between twelve vacant seats and the artist, present only as a video image, deliberating over a menu worthy of the Garden of Eden.

Carlo Michele Schirinzi
Dé-Tail, 2001
Fotogramma da video, bianco e nero/Video still, black and white
6 min., 57 sec.

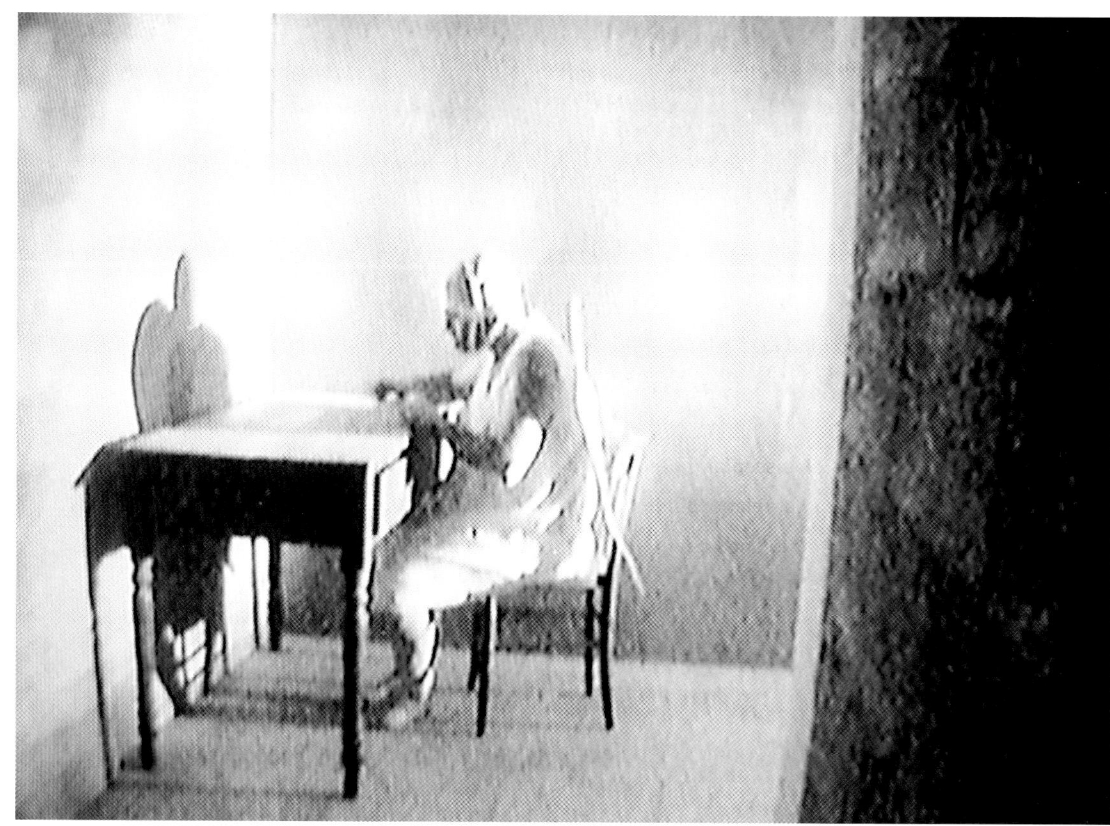

Andrea Malizia takes advantage of an icy medium's ability to immerse his audience into a new and puzzling world, observed from a new, psychological point of view. This refocusing involves banal objects that elude their stereotypical uses and appearances to become projected objects. At the base of his magnetic compositions are little boxes, rings of smoke, and electrostatic effects that incorporate a breathtaking capacity to evoke grand visions. Photography and video working like a philosopher's stone.

The elaborate gadgets by Daniele Pario Perra tighten and hybridize meanings that are socially constructed from that which is seen and lived, emphasizing the ambiguity of interpersonal relationships. His most recent presentations have tended to shed new light on sensitive themes like infancy or disability. If *Tabu* fetishizes the traditional game of hopscotch to the point of museological entombment, the videos and photos of *Children series* extrapolate ambiguous fragments through a false voyeurism that doesn't declare, artistically speaking, some morbid or special purpose.

Simone Racheli practices a hyper-simulation of reality, reassembling images and situations, and developing an ironic, paradoxical narrative. In his sculpture, mimesis reciprocates art and life, not diminishing but instead gaining speed and surprising complexity. If the plumbing of *Infortunio tenue* physiologically exudes the essence of a laborer, designating priority to the system and the subordination of the individual, *Transdomestico* expresses the absence and the ambiguity of the void, through an anthropomorphized negative of a squat toilet.

Familiar imaginary is reformulated by Carlo Michele Schirinzi somewhere between *trash* and a symbolic, recovered lan-

Marta Valenti
Burripapà, 2001
23 C-print su alluminio/23 C-prints on aluminum
44x30 cm ciascuna/each

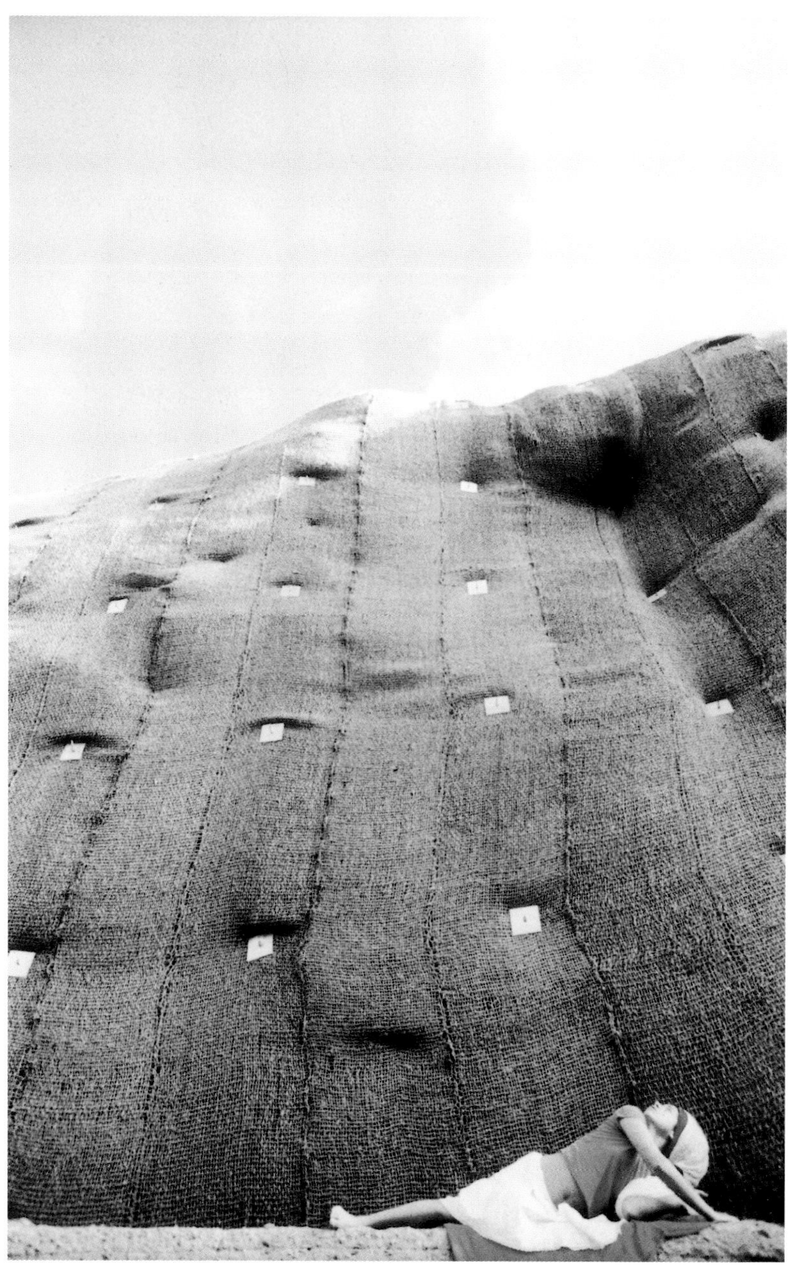

guage that is as much ancient as it is subcultural. In fact, the more his awkward and ironic characters shed in verisimilitude, the more they gain in philosophical and poetic depth. Elegantly embarrassing compositions, his "iconoclasts" on negative cibachrome revive and profane the sacred, with a sense of hieratic and trivial stasis, while in the short films, this mechanism is time-based and reinforced by a soundtrack.

In the apparently lucid or stereotypical mechanisms of Carlo Schiuma, the individual plays a decisive game of identity and social belonging. Our processes of communal validation are shown in their different dimensions: urban, functional and verbal. The self-portrait as a play on words in *Gli ottimisti vivono più a lungo* is not a photo montage, but paradoxically creates a duality (like a weird hybrid creature out of Hieronymus Bosch), as in *Sedili sospesi*, where the audience is placed in reciprocal contact, mediated by the soles of the feet.

In a typically self-reflective photographic act, Marta Valenti reinvents herself as a ritual character, grappling with cathartic actions. Her sequences take advantage of time factors in order to reveal a completely corporeal authenticity: an identity original in form, action, thought and feeling. The *Danza rossa* presents, in its twenty-four stations, a performance founded on a poetics of light, color and places of existence; a work based on sensitization and waiting, emotional overload and narrative distension.

OpereWorks

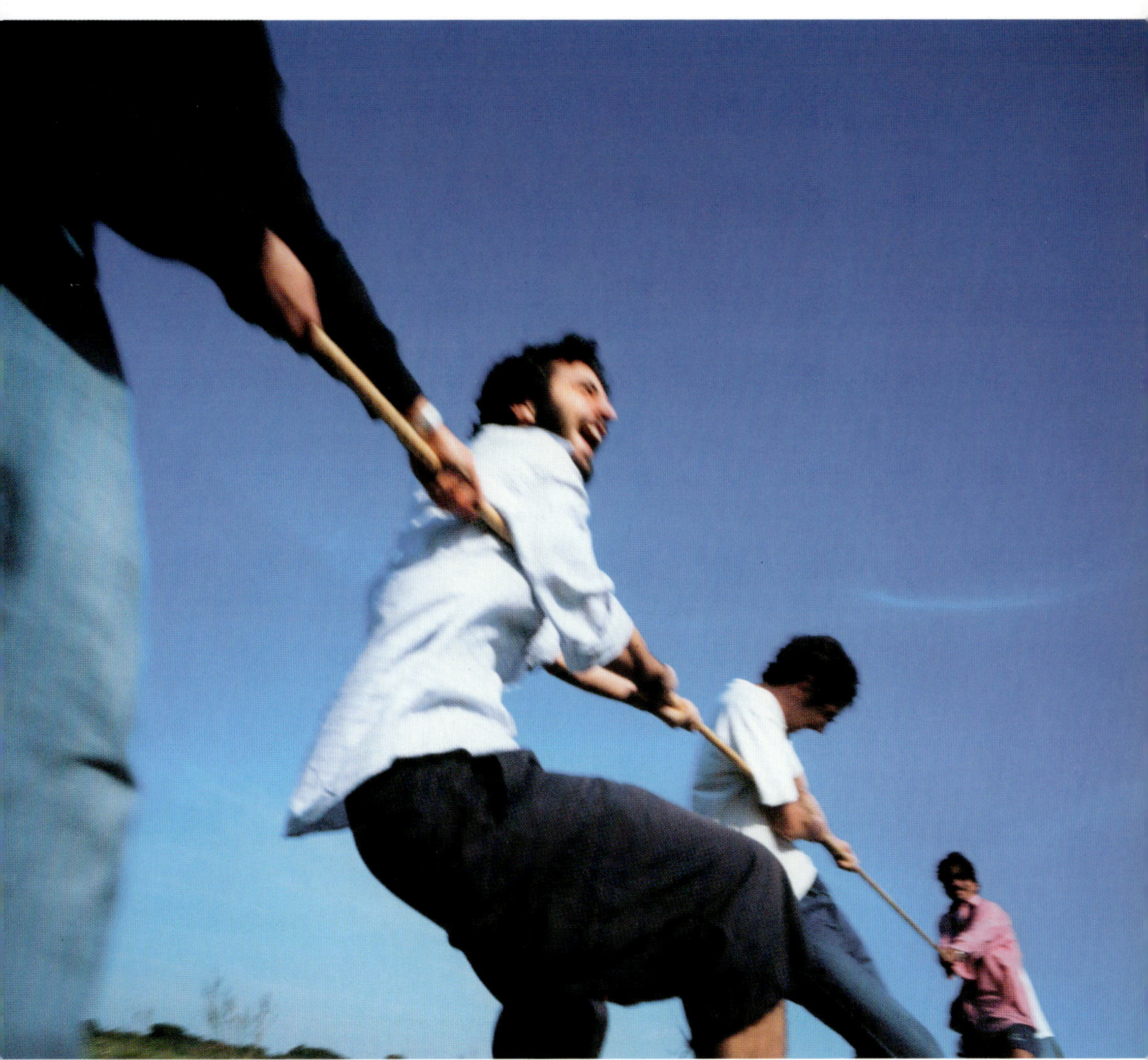

Loredana Longo • *Single*, 2000

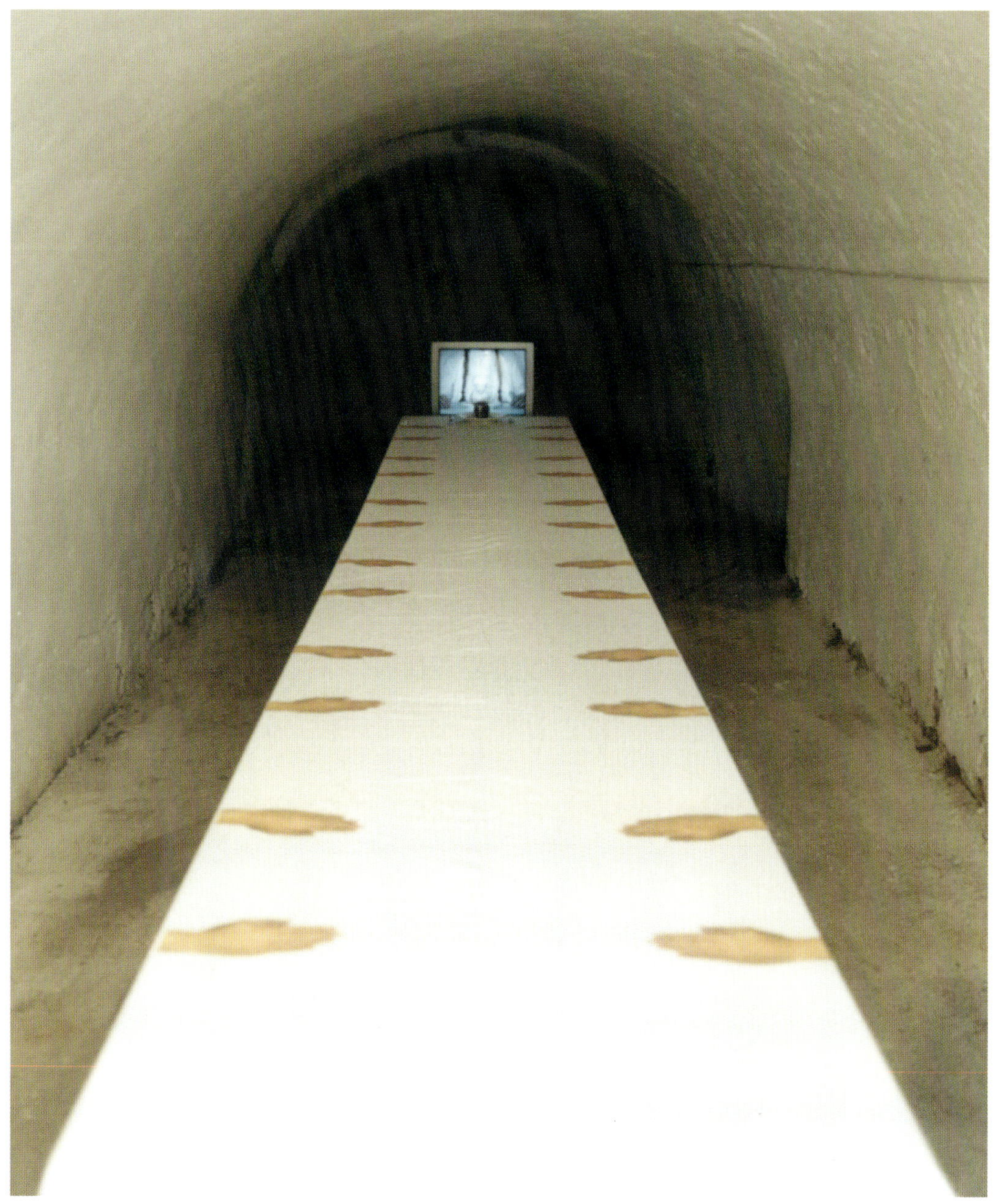

Andrea Malizia • *Flight zone*, 2002

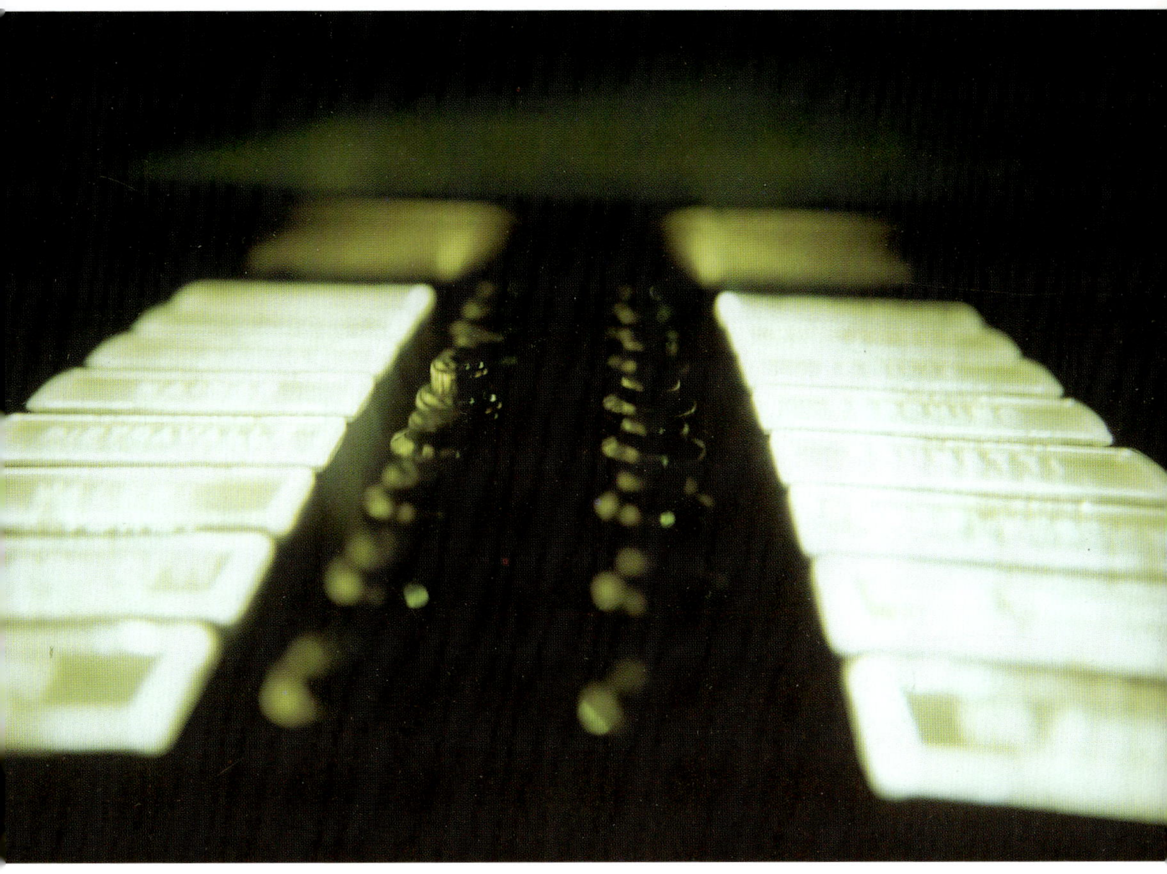

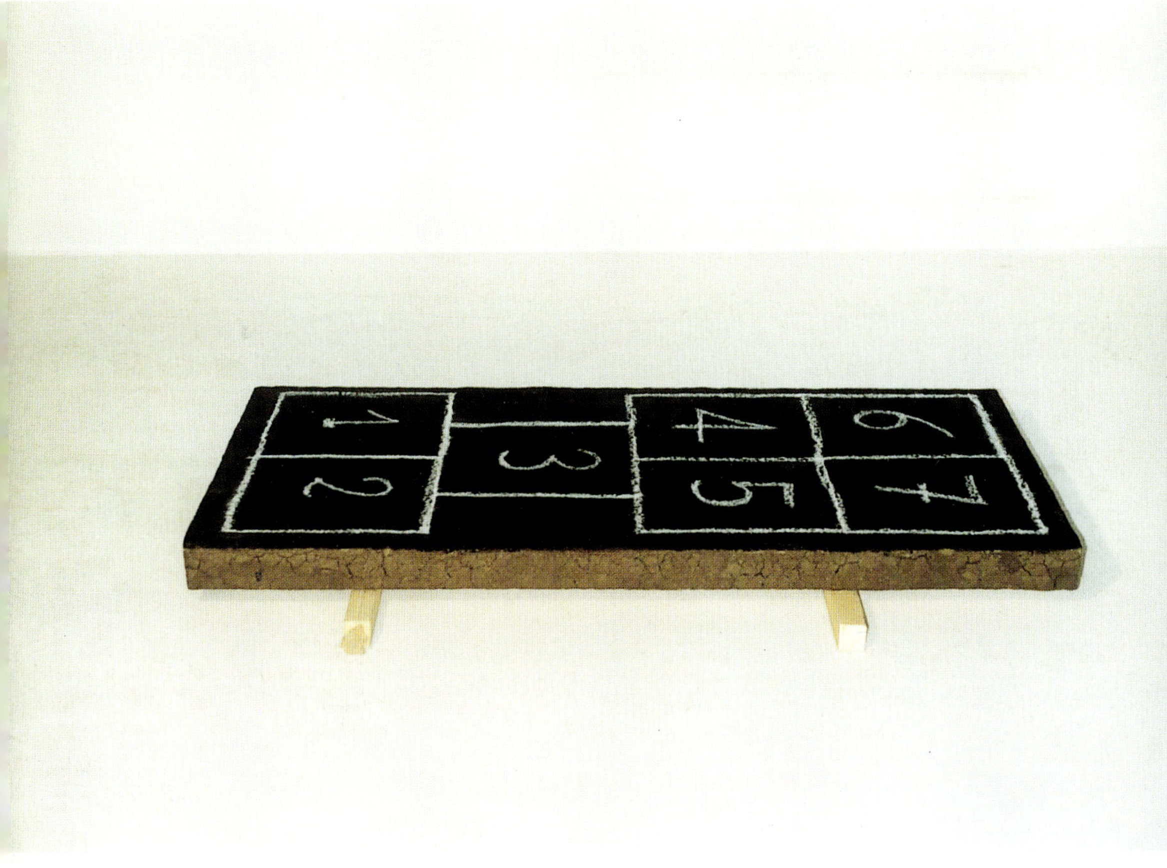

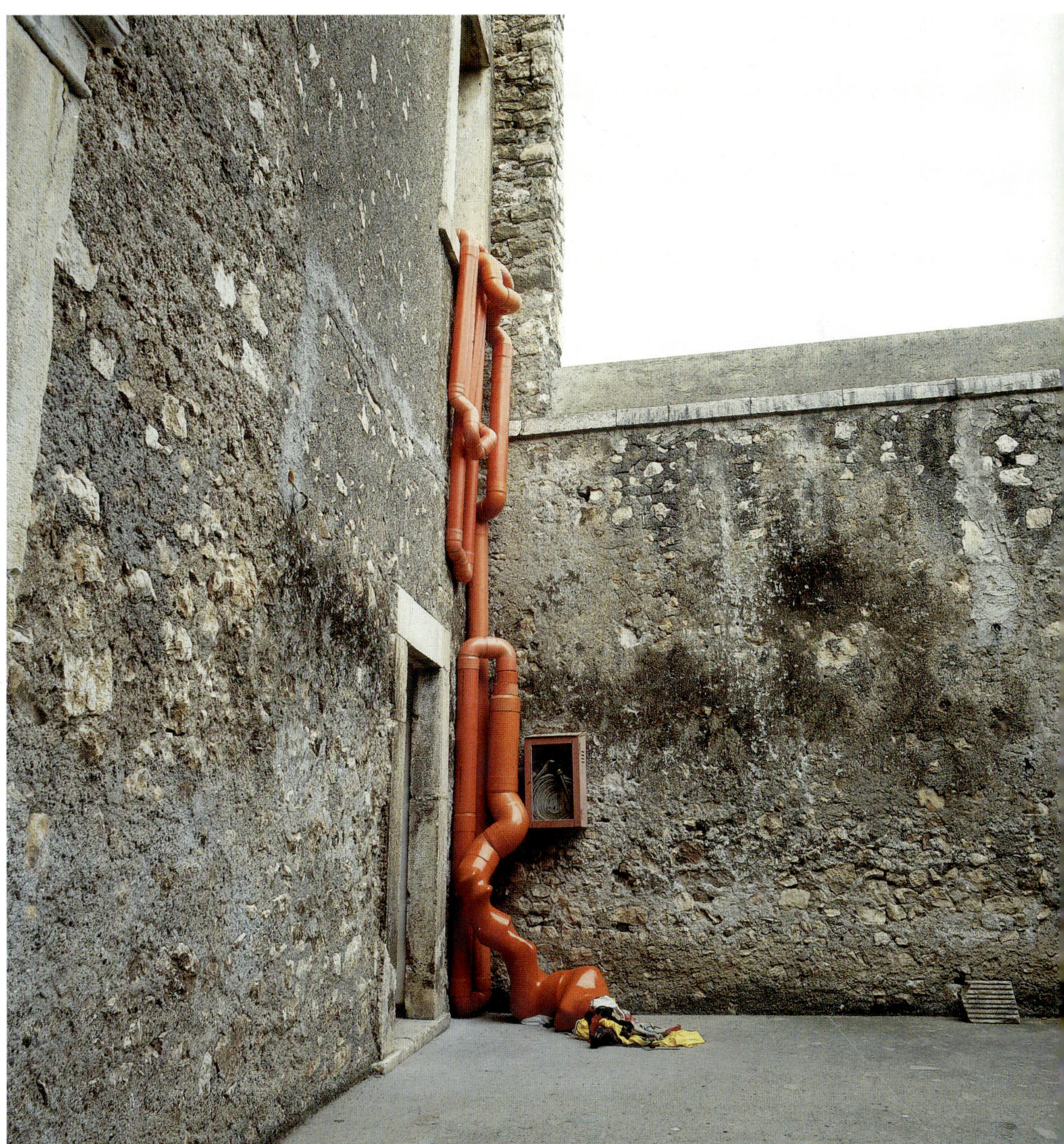

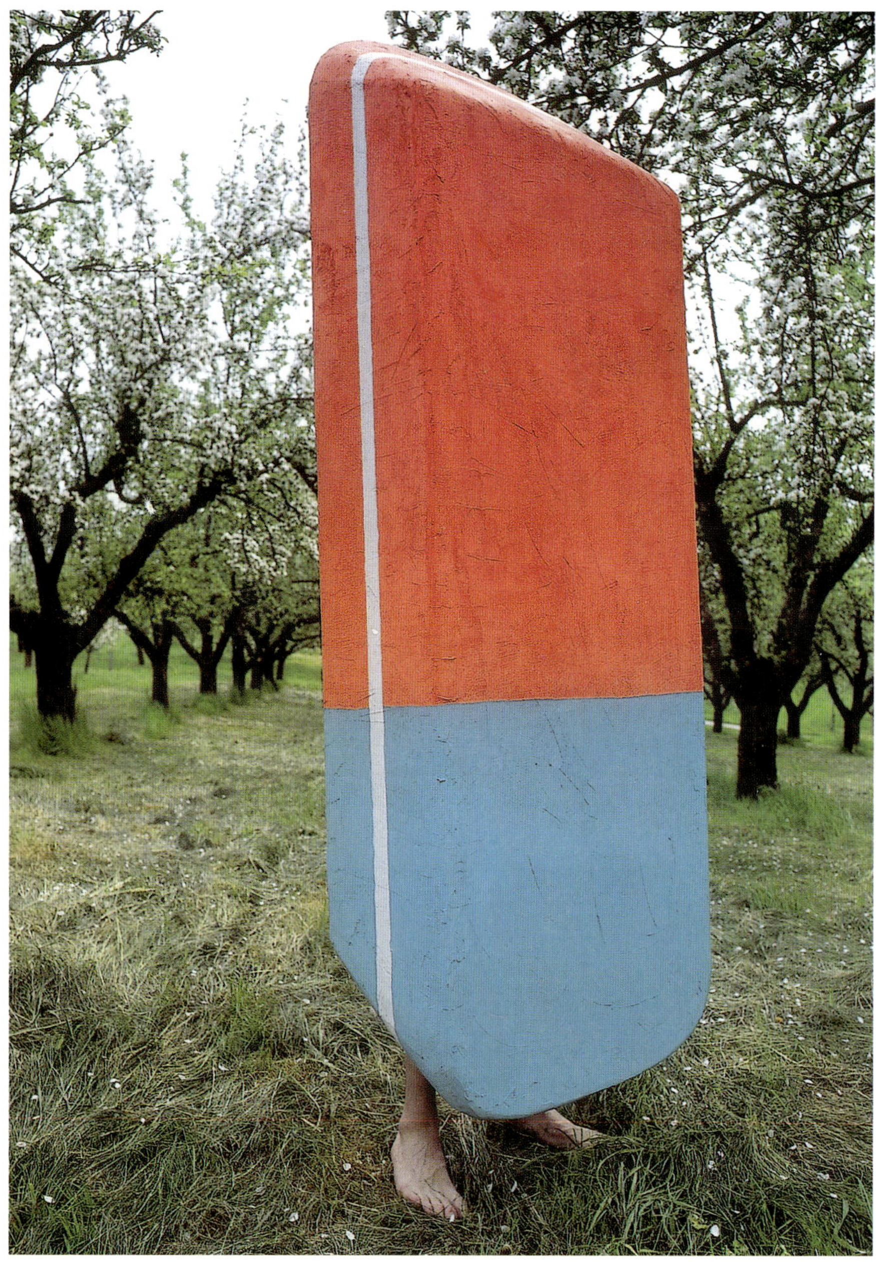

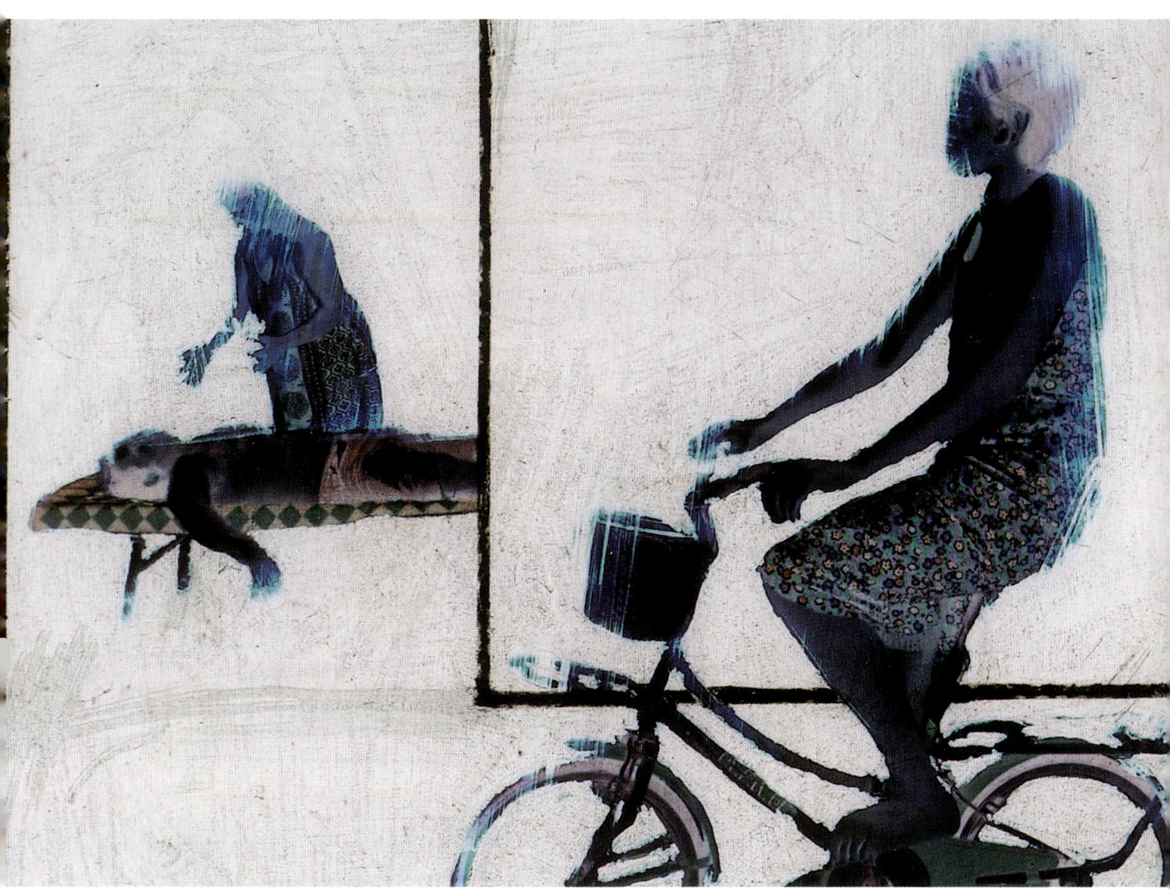

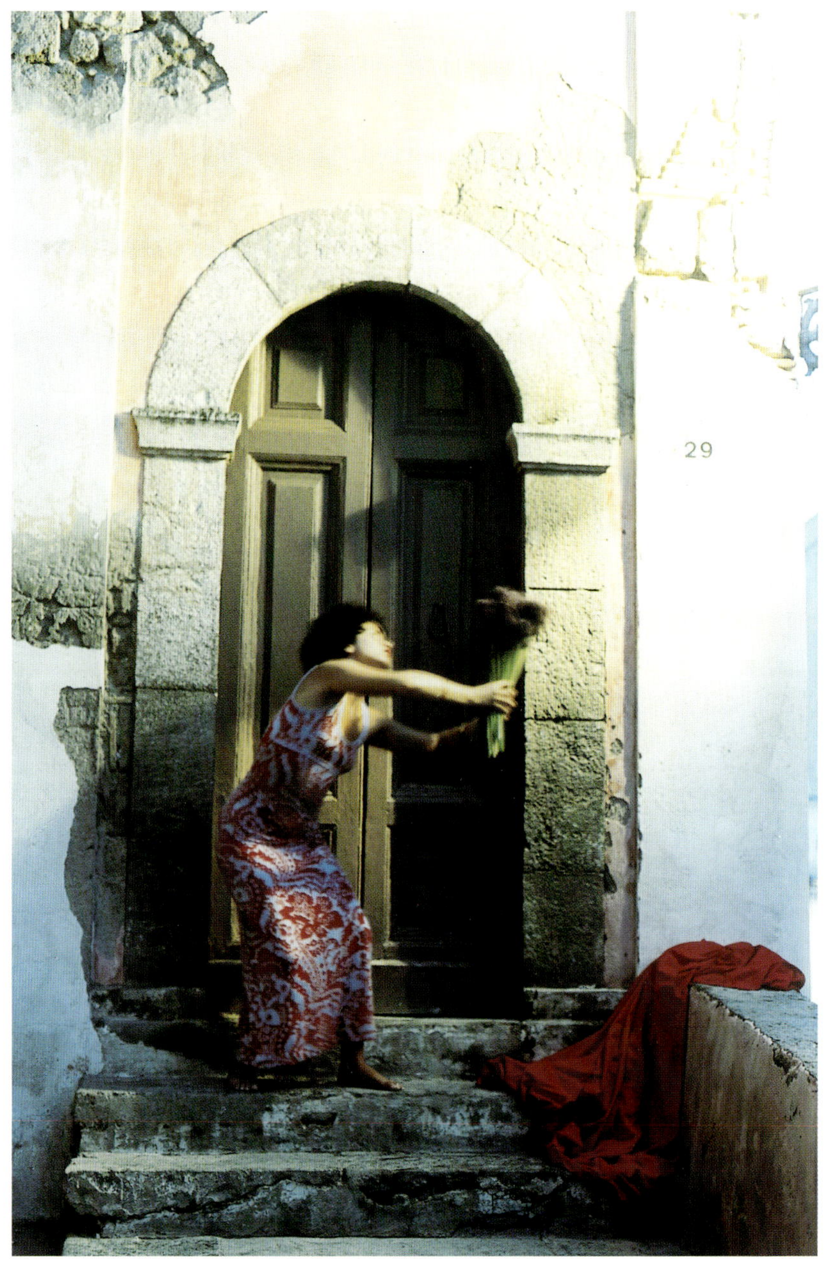
29

Elenco delle opere / List of Works

De Blasi e Moscara
Senza titolo, 2001
Stampa lambda su alluminio/Lambda print on aluminum
120x148 cm
p. 33

Loredana Longo
Single, 2000
Video installazione/Video installation
p. 34

Andrea Malizia
Flight zone, 2002
C-print su alluminio/C-print on aluminum
100x150 cm
p. 35

Daniele Pario Perra
Souvenir, 2000
Massello di asfalto stradale, legno, terra/Slab from road asphalt, wood, earth
205x105x25 cm
p. 36

Simone Racheli
Infortunio tenue, 2001
Vetroresina, smalti, pvc, plastica, oggetti vari/Fiberglass, enamel, pvc, plastic, various objects
Dimensioni variabili/Variable dimensions
Courtesy Galleria Astuni, Fano
p. 37

Carlo Schiuma
Gli ottimisti vivono più a lungo. Corridore-ombra, 2001
Fotografia stampata a ink-jet su tela gommata/Ink-jet printed photograph on rubberized canvas
200x150 cm
p. 38

Carlo Michele Schirinzi
Visitazione, 2001
"Iconoclastia" su negativo, C-print/"Iconoclast" on negative, C-print
Courtesy Galleria Paolo Erbetta, Foggia
p. 39

Marta Valenti
Danza rossa, 2001
24 C-print su alluminio/24 C-prints on aluminum
45x30 cm ciascuna/each
p. 40

ApparatiAppendix

De Blasi e Moscara

Franz De Blasi
Nato a/Born in Lecce nel/in 1973.

Marcello Moscara
Nato a/Born in Galatina, Lecce, nel/in 1972.

Vivono e lavorano a/They live and work in Lecce.

2001
Matthra, Galleria Antonella Nicola, Torino

Loredana Longo

Nata a/Born in Catania nel/in 1967.
Vive e lavora a/She lives and works in Catania e/and Bologna.

2000
Sullamiapelle, Museo d'Arte Moderna, Siracusa
Noi produciamo amore (con/with D. Pario Perra), Galleria d'Arte
Contemporanea, Catania
I sogni di Loredana L., Galleria Interno & Dumdum, Bologna

Andrea Malizia

Nato a/Born in Recanati, Macerata, nel/in 1973.
Vive e lavora a/He lives and works in Roma.

2001
Magazzino d'Arte Contemporanea, Roma

Daniele Pario Perra

Nato a/Born in Bologna, nel/in 1969.
Vive e lavora a/He lives and works in Bologna e/and Bern.

2000
Noi produciamo amore (con/with L. Longo), Galleria d'Arte
Contemporanea, Catania
Vedo non vedo, Galleria Interno & Dumdum, Bologna

2002
Deaf and Dumb, Galleria Vilfrid von Gunten, Thun-Bern

Simone Racheli

Nato a/Born in Firenze nel/in 1966.
Vive e lavora a/He lives and works in Roma.

2001
Domestica, Studio Ghiglione, Genova

2002
Galleria Studio Legale, Caserta

Carlo Schiuma

Nato a/Born in Luxemburg nel/in 1965.
Vive e lavora a/He lives and works in Stuttgart.

2001
Hotel Europa, Galleria Oberwelt, Stuttgart

2002
Galleria Peripherie, Tübingen

Carlo Michele Schirinzi

Nato a/Born in Tricase, Lecce, nel/in 1974.
Vive e lavora a/He lives and works in Acquarica del Capo, Lecce.

2002
Galleria Paolo Erbetta, Foggia

Marta Valenti

Nata a/Born in Roma, nel/in 1977.
Vive e lavora a/She lives and works in Roma e/and Milano.

2000
Open Space-Zone Interdite, Roma
Galleria Estro, Padova
3 cornered visions (con/with M. De Marinis e/and E. De Nardis),
Classico Village, Roma

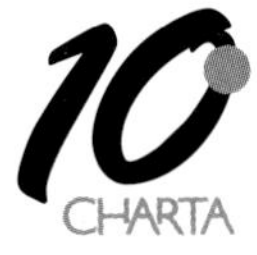

Finito di stampare nel mese di aprile 2002
da Leva spa
per conto di Edizioni Charta
su carta Gardamatt Art delle Cartiere del Garda